SÍLABAS DE VIENTO

SYLLABLES OF WIND

BY *XÁNATH CARAZA*

TRANSLATED BY SANDRA KINGERY

D0927363

MAMMOTH PUBLICATIONS

ISBN 978-1-939301-78-9

Library of Congress Control Number: 2014948060

Mammoth Publications 1916 Stratford Road Lawrence, Kansas 66044

mammothpubs@gmail.com   www.mammothpublications.net

Cover design by Denise Low, with Paul Hotvedt of Blue Heron Typesetters, Silver City, New Mexico

Parts of *Sílabas de viento/Syllables of Wind* were written with support from the Beca Nebrija para Creadores 2014 award from the Instituto Franklin in Alcalá de Henares, Madrid, Spain.

Paintings by Adriana Manuela: "Angeluza" (Cover), gouache on paper, 50x70 cm., 2001; "Serpiente de primavera," acrylic on paper, 80x150 cm., 2014; "Alpujarra de agua," acrylic on paper, 80x150 cm., 2014; "Alcanza la niebla," acrylic on paper, 80x150 cm., 2014.

TABLE OF CONTENTS

A PROPÓSITO DE SÍLABAS DE VIENTO

por Carlos J. Aldazábal

Recuerdo a Xánath Caraza conversando con el horizonte en las terrazas de la Alhambra. Era una suerte de invocación, una suerte de mantra silencioso que expresaba el diálogo que la poeta estaba manteniendo con el mundo. En ese mundo, la historia de Federico García Lorca y la tradición árabe de Andalucía se sumaba a la expresión nahuatl de la América profunda, la cultura propia que brillaba en el silbido del viento, el canto de la serpiente emplumada transformado en las sílabas de una íntima oración.

Leer estos poemas es desentrañar esa clave misteriosa, esa apuesta por la cultura propia, hilvanada en clave universal, en la que se expresa el oropel de la selva, la sanación del chamán, el animal sagrado que también somos y un luminoso amanecer sobreponiéndose a la muerte. Al modo de una tejedora minuciosa, la poeta va urdiendo sus paisajes, paisajes que incluyen a la otra América, la de Whitman, la de William Carlos Williams, aunque en la clave etnopoética abierta por Jerome Rothenberg. Expresión antropológica que nos recuerda que en la poesía siempre hay otro, y que el poeta mismo es una otredad en constante mutación.

En los telares de Caraza, tejidos finamente con palabras, el lenguaje se convierte en un necesario bien que expresa la cotidianidad en forma suntuosa. Así, de cada acto cotidiano, de cada comida tradicional, de cada encuentro feliz con la esperanza, van surgiendo estos poemas, brillantes como los colores de un mercado mexicano en el que se entrecruzan sabores y texturas, asombros y extrañas versiones de un personal realismo imbuido del encanto de la magia.

Pero Sílabas de viento es también un libro de viaje: en ese deambular de la mirada sobre la geografía, la poeta proyecta su sensibilidad para celebrar o lamentarse, para partir o regresar, en un péndulo cultural que le permite expresar lo que todos los seres humanos tenemos en común, los grandes temas de la poesía (la muerte, el amor, la vida), desde su particularismo americano e indígena.

Recorrer estas páginas ha sido para mí reencontrarme con Xánath en aquel diálogo secreto que mantuvo en la Alhambra: en ese momento el viento, serpiente emplumada del misterio, le susurraba sus sílabas, y la poesía era una con el paisaje del mundo. Ojalá que el lector pueda percibir esta felicidad.

Buenos Aires, octubre de 2013

REGARDING SYLLABLES OF WIND

by Carlos J. Aldazábal

I remember Xánath Caraza conversing with the horizon on the terraces of the Alhambra. It was a type of invocation, a kind of silent mantra that expressed the dialogue the poet was maintaining with the world. In that world, the history of Federico García Lorca and the Arab tradition of Andalucía joined forces with a Nahuatl manifestation of deepest America, the culture of the poet that sparkled in the whistling of the wind, the song of the plumed serpent transformed into the syllables of an intimate prayer.

Reading these poems means disentangling those mysterious underpinnings, that commitment to culture itself, joined in a universal whole, in which there is an expression of the splendor of the jungle, the healing of the shaman, the sacred animal who we are as well, and a luminous daybreak overcoming death.

In the style of a meticulous weaver, the poet interlaces landscapes, landscapes which include that other America, the America of Whitman, of William Carlos Williams, although in the ethnopoetic style begun by Jerome Rothenberg. An anthropological expression that reminds us that within poetry there is always the other, and that the poet him- or herself is an otherness in a constant state of flux.

On Caraza's looms, elegantly woven with words, language becomes a necessary good that expresses daily routines in a sumptuous manner. In this way, these poems emerge from every daily action, from every traditional meal, from every fortuitous encounter with hope, brilliant as the colors of a Mexican market in which flavors and textures, astonishment, and surprising versions of a personal realism infused with the enchantment of magic are intertwined.

But *Syllables of Wind* is also a travel book: with her gaze wandering across the land, the poet projects her sensitivity so as to celebrate or lament, to depart or return, in a cultural pendulum that allows her to express what we all have in common as human beings, the great themes of poetry (death, love, life), from her American and Indigenous particularity.

For me, traveling these pages has meant reencountering Xánath within the secret dialogue she sustained at the Alhambra; at that time, the wind, plumed serpent of mystery, whispered its syllables to her, and poetry was one with the landscape of the world. May the reader perceive that delight as well.

Buenos Aires, October 2013

"Necesito un poema con aire suficiente
en el que sumergirme
el tiempo necesario
para que todo cambie."

J. Bozalongo

"I need a poem with enough air
in which to submerge myself,
the time needed
so that everything can change."

J. Bozalongo

SERPIENTE DE PRIMAVERA

Soy hija de la luz con lágrimas de luciérnagas verdiazules en las mejillas. La espuma de mar sigue mis pasos en la playa, los borra, no deja huella, quiere esconderlos en sus entrañas. El mar me satura de diminutos caracoles y azules cangrejos, pero mi cuerpo engaña a la espuma y los deja deslizarse lentamente por cada centímetro de mi bronceada piel, dejando un haz de criaturas marinas sobre la arena. Soy hija de la luz y del canto de las aves en la húmeda selva. Llevo la esencia de las flores en el corazón. El canto del cenzontle late en mi vientre, se mezcla con las citlalis en el cielo de la noche. Soy hija de las lenguas perdidas, de los fonemas ocultos en la garganta de la selva. No hay caminos que no escuchen mis pasos y en los senderos que aún no he llegado, ya se presienten mis versos. Palabras encadenadas con sílabas de huehuetl. Soy hija de los latidos de congas y teponaxtlis, hija de la luz con el canto del cenzontle atravesado en el pecho. El mar azul me persigue los pasos cada día. Las resplandecientes luciérnagas ya han tatuado sus poemas en mi piel. Mi padre es el tornado que se mezcla con la ensortijada serpiente turquesa de primavera.

(Granada, Andalucía, España, junio de 2013)

Serpent of Spring

I am a daughter of the light with tears of blue-green fireflies on my cheeks. Sea foam follows my steps on the beach, erases them, leaves no trace, attempts to hide them in its bowels. The sea soaks me with diminutive snails and blue crabs, but my body fools the foam and leaves them slipping slowly along every inch of my bronze skin, leaving a mound of marine creatures on the sand. I am a daughter of the light and of the song of the birds in the damp jungle. I carry the essence of flowers in my heart. The song of the *cenzontle* beats in my belly, it mixes with the citlalis in the night sky. I am a daughter of the languages lost in the tones hidden in the throat of the jungle. There are no paths that do not hear my steps, and on trails where I have yet to appear, premonitions of my verses hold sway. Words link to syllables of *huehuetl.* I am a daughter of the beating of *congas* and *teponaxtlis,* daughter of the light with the song of the *cenzontle* falling across my chest. The blue sea pursues my steps every day. Brilliant fireflies have already tattooed their poems on my skin. My father is the tornado and mingles with the plumed turquoise serpent of spring.

(Granada, Andalusia, Spain, June 2013)

KOATL XOCHITLIPOAL

Najaya ikonej tlauili ika ichokilis tlen xoxokazultik kokimej ipan xayaknejchikilis. Iposontli ueyi atl ki tokilia no nejnemilistli ipan ueyiatentli, kipoliltia, axtlen mokaua, ki neki ipan ijtiko kintlatis. Ueyi atl nech temitia ika pilkuetlaxkomej uan kin kauilia tlajmatsi ma mo alaxokaj ipan no tlatlatok kuetlaxkoli, kajkaua se tsontli pilatltekuanimej ipan xali. Najaya ikonej tlauili uan iuikalis totomej ipan xolontok kuatitlamik. Ipan no yolo niuika iauiyalis totomej ipan xolontok kuatitlamik. Ipan no yolo niuika iauiyalis xochimej. Iuikalis setsontlitototl uitoni ipan no ijtiko, momaneloa ika youalsitlalimej tlen ijluikatl. Najaya ikone tlajtolmej tlen polijkenjinin kakilis ipan ikecholoyo kuatitlamitl. Ax onkaj ojtli tlen ax ki kakij no nemilis uan kampa ayi ni nejnentok, mo machiliaya nouikalis. Tlajtolsasali ika piltlatolmej tlen ueuetl. Najaya ikonej iuitontli tlatejtsontli uan teponaxtli, taluili ikonej ika stsontlitototl ipan no yolixpa. Asultikueyiatl nech tokilia mojmostla. Petlani kokimej kitlatskiltijkejya inin xochitlajtol ipan no kuetlaxkotl. No tata ejekatl tlen momaneloa ika ilaktskoatl xoxoktik xochitlipoal.

(Granada, Andalucía, España, junio de 2013)

15

YAXCHILÁN

Jade se respira en la selva
De la intricada arquitectura blanca
Nacen las sílabas verdes

Espíritu de jaguar se desliza
Entre las piedras mayas
Despierta el alma quieta

La piedra verde habla
Corazón de culebra
Escritura de humo

Selva negra te alberga
Deslumbrantes tucanes
Reciben los pasos ajenos

Oír la atmósfera sagrada
Es entonar la canción del río
Descifrar las piedras mayas

Complejos diseños geométricos
Fundidos con abundantes frondas
Escritura de culebra

Los vapores de la selva lloran
Están llenos de recuerdos
Agua de jade

Leer los templos mayas
Con ojo de culebra
En el lugar de piedra verde

(Yaxchilán, Chiapas, México, 2010)

YAXCHILÁN

Jade breathes in the jungle
From intricate white architecture
Green syllables are born

Spirit of jaguar glides
Between the Mayan stones
The placid soul awakes

The green stone speaks
Heart of snake
Script of smoke

Black jungle shelters you
Dazzling toucans
Receive distant steps

Listening to the sacred atmosphere
Is intoning the song of the river
Deciphering Mayan stones

Complex geometric designs
Entwine with abundant foliage
Writing of the snake

Jungle mists cry
They are full of memories
Waters of jade

Read Mayan temples
With eyes of snakes
In the place of green stone

(Yaxchilán, Chiapas, Mexico, 2010)

La casa de los pájaros

Aleteos ligeros de aves de marfil
Árboles amarillos en el centro
Lluvia musical los agita
Aves de coral, de lapislázuli y jade

Aves ciegas de aletear incesante
De plumaje de palabras
De plumaje de humo
Aves de andar vacilante
Aves en el texto silencioso

Con frondas colmadas de viento
Esa casa me recibe
Música escurriendo de las hojas
Aves de alas extendidas
Con el alma transparente

(Ciudad de Oaxaca, México, enero de 2013)

HOUSE OF BIRDS

Fleeting fluttering of ivory birds
Yellow leaves in the center
Rhythmic rain rocks them
Birds of coral, lapis lazuli and jade

Blind birds of incessant flapping
Of feathers of phrases
Of feathers of fire
Birds of faltering steps
Birds in the silent script

With wind-filled foliage
The house receives me
Rhythm dripping from the leaves
Birds with wide-spread wings
With transparent souls

(Oaxaca City, Mexico, January 2013)

YAHUOLICHÁN

Tres pirámides unidas
Nichos de luz y sombra
En la casa de la noche
Antecedente de Mesoamérica

El canto del quetzal
Que todo lo exalta
Crea ecos en tu plaza
Historia en las piedras

Selva roja te rodea
Roca madre en el corazón
Manantiales emanan de
De la tierra

Ritos de purificación en la pirámide
Cantos floridos totonacas
Enterrados en las gargantas de barro
Allá, en la ciudad vieja

(Yahuolichán, Puebla, diciembre de 2012)

YAHUOLICHÁN

Three pyramids united
Angles of light and shadow
In the house of the night
Preceding Mesoamerica

Song of the quetzal
Exalts everything
Creates echoes in your plaza
History in the stones

Red jungle envelops you
Mother rock in your heart
Springs emerge from
From the earth

Purification rites in the pyramid
Florid Totonaca chanting
Buried in the ravines of mud
There in the ancient city

(Yahuolichán, Puebla, December 2012)

CABEZAS OLMECAS

Secretos de húmeda selva
Guardados en labios de obsidiana.

Entre árboles putrefactos
Se esconden los dioses jaguares.

Cabezas olmecas,
Colosos de cultura madre.

No hay pantanos que traguen
La historia en piedra.

De los manantiales secos,
Resurgen los guerreros olmecas.

Labios de selva negra
Sellados con inmortalidad.

Ojos celestiales que buscan
Las constelaciones de antaño.

Guerreros del pasado
Esculpidos en la eternidad.

Imágenes en piedra volcánica
Ocupan sueños amarillos del jaguar.

(Xalapa, Veracruz, México, diciembre de 2012)

Olmec Heads

Humid jungle secrets
Remain on obsidian lips.

Jaguar gods hide
Among decaying trees.

Olmec heads,
Colossuses of mother culture.

No swamps can swallow
History in stone.

Olmec warriors reappear
From dry springs.

Black jungle lips
Sealed with immortality.

Celestial eyes search
The constellations of yore.

Warriors of the past
Sculpted in eternity.

Images in volcanic stone
Occupy the jaguar's yellow dreams.

(Xalapa, Veracruz, Mexico, December 2012)

YAGUL

Porque queremos ver
Nuestros muertos
Árbol viejo
Sueño del misterioso ocelotl en el valle
Al lugar de las tumbas me guías
Laberinto de huesos labrados

Frente al valle de Tlacolula y
El río seco está Yagul
Como ofrenda las aves en el Tecuilo
Manos rojas silenciosas en las paredes
El amarillo laberinto me lleva
Como el hilo de Ariadna hacia ti

Sentirte en la piel Yagul Yagul Yagul
En tu onírico laberinto
Estuco color níspero sin techo
Ocre de los ancestros
Andar los pisos de antaño
Recoger el aliento sagrado

(Yagul, Oaxaca enero de 2013)

YAGUL

Because we want to see
Our dead
Old trees
Dreams of the mysterious *ocelotl* in the valley
You guide me to the place of tombs
Labyrinth of carved bones

Yagul faces the valley of *Tlacolula*
And the dry river
Birds like offering in the *Tecuilo*
Silent red hands on the walls
Yellow labyrinth takes me
Like Ariadne's thread toward you

Feeling you on my skin Yagul Yagul Yagul
In your oneiric labyrinth
Roofless nispero-colored stucco
Ochre of the ancestors
Walking the floors of yore
We gather the sacred breath

(Yagul, Oaxaca, January 2013)

Plaza oriente en Cantona: el mirador

A su derecha el Citlaltépetl
Montaña con charas azules
Viento ululante

Calzadas hacia el pasado
Reflejan en las piedras
Lluvia anaranjada que las cubre

Caminos que llevan historia
Pirámides con geometría en las paredes
Plaza de sacrificio a sus pies

Huellas de obsidiana
En los caminos en zig-zag de Cantona
Haces jengibre bañan el valle

El viento canta entre las pirámides
Desde la roja cima escribo
Con aire de jade verde frío

(Cantona, Puebla, México, diciembre de 2011)

EAST PLAZA IN CANTONA: LOOKOUT POINT

Citlaltepetl to the right
Mountain of blue jays
Howling wind

Cobblestone paths to the past
Reflect upon the stones
Carrot-colored rain that covers

Roads that guide history
Pyramids with geometry on the walls
Sacrificial courtyard under foot

Obsidian footprints
Along the zig-zag paths of Cantona
Rays of ginger shower upon the valley

Wind chants between pyramids
I write from the crimson summit
I feel cold jade air

(Cantona, Puebla, Mexico, December, 2011)

27

TORMENTA

Para el arte de Israel Nazario

Tormenta de quimeras
Arrasadas por el indomable viento
Por el torbellino de humedad violenta
A la cima de la montaña roja llevas vida
Fecundar las semillas guardadas es tu destino,
Agua del cielo de quetzal

Uala atl uan ehecatl

El árbol que se mantiene erguido
Que aguarda las gotas cristalinas
Conoce la importancia de la espera
Las montañas tienen los secretos
Tormenta de sueños azules que explota
Como perlas desbordándose por las laderas

Uala atl uan ehecatl

Lluvia, mensajera divina
Alimento para la tierra que dará vida
La pluma del quetzal te presiente
Las aves llegan atraídas a la cima
Por el aroma de la tormenta
No huyen, la buscan, la anhelan

(Kansas City, enero de 2012)

STORM

After the art of Israel Nazario

Storm of chimeras
Swept by the uncontrollable wind
By the twisters of violent humidity
You bring life to the top of the red mountain
Germinating the kept seeds is your destiny
Mist from the quetzal's sky

Uala atl uan ehecatl

The tree that remains upright
Awaits sheer raindrops
It is familiar with the importance of the wait
The mountain has secrets
Storms of blue dreams burst
Like pearls rolling down mountain sides

Uala atl uan ehecatl

Divine messenger, rain
Nourishment for the earth that will give life
The quetzal's feather senses you
Birds arrive drawn by
Storm's scent
They do not flee. They seek it out. They yearn for it.

(Kansas City, January, 2012)

Naolinco

Cielo acerado
Montañas difusas
Ligera llovizna en tu cerámica
Calzadas de piedra
Brillan con la humedad
Música de las aves
En tus parques

Esmeraldas azucaradas, brillantes
Llenas de coco rayado
A la puerta del mercado de domingo
Reinas amarillas y olorosas
Dulce aroma de niñez
Con exaltadas coronas verdes
Seducen mi vista

Entre callejuelas empedradas
Piel curtida y esculturas de barro
Tenores de domingo
En las fuentes de mármol
Y entre el bullicio
Distingo una cascada de tunas verdes
Desbordándose

Procesión de niebla
En las esquinas de barro
El jade crece en tus árboles
El vaho de la muerte se desliza
Por las calles de piedra
Montañas te protegen
Del violento exterior

(México, diciembre de 2012)

NAOLINCO

Steel sky
Hazy mountains
Light drizzle on your pottery
Stone roads
Shimmer with damp
Music of birds
In your parks

Sugary, shiny *esmeraldas*
Full of flaked coconut
At the door to the Sunday market
Fragrant yellow *reinas*
Sweet smell of childhood
With exalted green crowns
Seduce my sight

Down cobblestone alleyways
Leather and sculptures of clay
Sunday tenors
In the marble fountains
And amidst the bustle
Cascades of green prickly pears
Spill over

Procession of fog
In mud corners
Jade grows on your trees
Mist of death slips
Down stone streets
Mountains protect you
From the violent exterior

(Mexico, December 2012)

SOLSTICIO DE VERANO

Sol quieto de verano
Tonatiuh se expande
Al norte el día más largo
Al sur se esconde
Fiestas del corazón
Celebración de la tierra

(Granada, Andalucía, Verano de 2012)

SUMMER SOLSTICE

Motionless summer sun
Tonatiuh expands
To the north the longest day
To the south he hides
Fiestas of the heart
Celebration of the earth

(Granada, Andalusia, summer 2012)

EQUINOCCIO

Cuando la noche y el día se hacen uno
La tierra canta al unísono- La serpiente
Emplumada desciende con su sombra.

(Kansas City, primavera de 2012)

EQUINOX

When night and day become one
Earth sings in unison – the Feathered
Serpent descends alongside its shadow

(Kansas City, spring of 2012)

Solsticio de invierno

Quieto
Se queda el sol
En la noche larga

Cantos sordos
De aves nocturnas—
Señal de la renovación

El sol se pierde
En su eterno silencio—
La noche canta

(Kansas City, otoño de 2012)

Winter Solstice

Motionless
The sun remains
In the long night

Muffled singing
Of night birds—
Signs of renovation

The sun is lost
In its eternal silence—
The night sings

(Kansas City, fall 2012)

HACIA EL ESTE

Sublime belleza acuática choca
con los rugidos de una guerra.
pasea por cubierta, Aida,
esta dorada mañana.
Camino azul interminable
hacia el este, disfruta.

La tierra la empieza a rodear,
molinos de viento en maduras colinas.
Torrente de imágenes,
el genocidio la inquieta.
Suspira, Aida, recuerdos
ahogados de flameantes noches eternas.

Niños tatuados de guerra,
fotógrafos sin flash,
muros lastimados,
canción de sordas balas
son los ecos de Mostar,
que Aida encuentra.

En las fosas clandestinas
ya no hay blusas desgarradas,
campos minados respira
en el cielo de Mostar,
y un haz de espuma
persigue la nave en la que va.

Faltan sílabas en las calles.
La esperanza no está perdida.
Manos creyentes
levantan el puente en Mostar.
A pesar de las pérdidas y las balas.
A pesar de la implacable guerra.

Aida reconstruye la escuela.
Forja la nueva generación
donde tres religiones van.
Árboles vacíos en la acera
y la oquedad en la piedra
contrastan con el anaranjado lugar.

La fuerza de unos
hace que renazca
de entre los escombros la ciudad.
Tenacidad de guerrera
y amor en las manos,
Aida a su casa entra.

La del alma eterna,
mujer sabia de Mostar,
se levanta cada mañana y
entre los cerezos camina.
Les canta en secreto sus penas
oraciones matutinas de paz.

Las níveas flores se expanden
cuando las besa.
Honra a los amigos perdidos.
En voz baja, a manera de rezo,

canta sus nombres
a los veintisiete cerezos enaltecidos.

Su dolor se libera
en las doradas ramas.
Una leve sonrisa se dibuja
en la cara.
Amor desbordado,
sólido hierro como fe.

Sonidos de guerra en la mirada.
Sus ojos irradian firmeza.
Corazón de guerrera,
manos de dama.
Aida camina entre flores blancas y
dulces cerezas cada mañana.

(En el Mar Adriático rumbo a Croacia y en Mostar,
Bosnia del 13 al 20 de mayo de 2013)

TO THE EAST

Sublime aquatic beauty
collides with the howls of a war.
Strolling on deck, Aida,
this golden morning.
Interminable blue path
toward the east, enjoys.

The earth begins to encircle her,
windmills on mature hills.
Streams of images,
genocide unsettles her.
Sigh, Aida, drowned memories
are eternal blazing nights.

Children tattooed by war,
photographers without flash,
damaged walls:
songs of muffled bullets
are the echoes of Mostar
that Aida discovers.

In clandestine graves
there are no longer ripped blouses.
Mined fields breathe
in the sky of Mostar,
and specks of foam
pursue the ship that carries her.

Syllables are missing on the streets.
Hope is not lost.
Believing hands
raise the bridge in Mostar
in spite of losses and bullets,
in spite of the relentless war.

Aida rebuilds the school.
She forges the new generation
three religions
amidst bare trees on the walk
and emptiness on the stone
contrast with the orange-colored walls.

Strength of some
brings rebirth
out of the rubble of the city.
Warrior tenacity
and love in her hands,
Aida enters her home.

Woman of eternal soul,
wise woman of Mostar,
she arises every morning
and strolls among cherry trees.
She secretly sings them her grief
and morning prayers of peace.

Snowy flowers expand
When she kisses them.
She honors lost friends.
Softly, as in invocation,

she chants their names
to the twenty-seven exalted cherry trees.

Her pain is freed
On golden branches.
A slight smile is drawn
on her face.
Brimming love,
solid iron like faith.

Sounds of war in her gaze.
Her eyes radiate firmness.
Heart of a warrior,
hands of a lady.
Aida walks among white flowers and
sweet cherries every morning.

(On the Adriatic Sea en route to Croatia and Mostar,
Bosnia, from May 13 to 20, 2013)

ALICIA

Eterna cocina, eterna
Olor a humitas frescas
Albahaca verde recién cortada

Manos trabajadoras perfectas
Para el pan amasado
Y sopaipillas de zapallo

En su territorio sagrado
La cocina de su corazón
Empanadas con precisión

Choclos amarillos de su traspatio
Aroma a humitas frescas
La poesía perfecta

(Kansas City, otoño de 2012)

ALICIA

Eternal cooking, eternal
Smell of fresh tamales
Freshly chopped green basil

Perfect hard-working hands
For bread dough
And pumpkin sopaipillas

In her sacred terrain
Kitchen of her heart
She forms precise empanadas

Yellow corncobs in the backyard
Aroma of fresh humitas
La poesía perfecta

(Kansas City, fall 2012)

Desayunando con Mamá

Milagros de esperanza
Poesía anaranjada y café a la mesa
Conversación por la mañana

Me sirvo dos
Una taza de café
Más tres poemas

Suspiro
Jugo de piña
Recién hecho me trae

(México, diciembre de 2011)

Breakfast with Mamá

Miracles of hope
Orange-colored poetry and coffee at the table
Morning conversation

I serve myself two
A cup of coffee
Three poems

I sigh
She brings
Pineapple juice, freshly squeezed

(Mexico, December 2011)

LA RESTAURADORA

Para Elvirita

Vírgenes de corazones rotos
Con oro reviste
La restauradora

De entre la arena blanca
Rescata lágrimas extraviadas
Que dorará, también

Canciones perforadas
Arreglará
La restauradora

Santos sin ojos
Con cuidado
Rellenará

Una bañera de luna
Rebozará en oro
La restauradora

Arcángeles desmembrados
En retablos de madera olvidados
Bruñirá

Todo guarda
La restauradora
Para la eternidad

Con pan de oro
Las paredes de su casa
Llenará

(Granada, Andalucía, España, verano de 2012)

THE RESTORER

For Elvirita

Virgins with broken hearts
Arrayed again with gold
By the restorer

Among the white sand
She rescues stray tears
That will be gilded as well

Pierced songs
Will be arranged
By the restorer

Saints without eyes
Will be filled in
With care

A moon-filled tub
Will be covered in gold
By the restorer

Dismembered archangels
Forgotten in wooden altarpieces
Will be polished

Everything saved
By the restorer
For all eternity

With gold leaf
The walls of her house
Will be gilded   (Granada, Andalusia, Spain, summer 2012)

LA CASA DE AIXA

Las paredes del Dar al-Horra están de pie
Un mural malva te celebra

Fresca energía corre
Al cruzar el umbral de tu casa

La intimidad del lugar sorprende
Pequeña fuente de agua en el patio interior

Ventanas interiores con celosía perpetran
El juego de los que miran sin ser vistos

Racimos de flores violetas se desbordan
Verdes enredaderas dan eco a la belleza de tus días

Te veo caminar frente a la exquisita yesería
Deslizarte en los corredores, Aixa

Corazón del Albaicín, construcción nazarí
La erudición de tus palabras aún late

Elegancia y firmeza te definen
Como la honesta pasaste a la historia

(Granada, Andalucía, España, verano de 2012)

AIXA'S HOUSE

The walls of Dar al-Horra are standing
A mauve mural honors you

Fresh energy flows
Crossing the threshold of your house

Intimacy of the place surprises
Small fountain of water in the patio

Interior lattice windows allow
Game of those who watch without being seen

Bouquets of violet flowers overflow
Green vines echo the beauty of your days

I see you walk in front of the exquisite plasterwork
Slipping down the hallways, Aixa

Heart of the Albaicín, Nasrid construction
Erudition of your words still pulsates

Elegance and firmness define you
You went down in history as the honest one

(Granada, Andalusia, Spain, summer 2012)

CHINA POBLANA

Ni china ni poblana
Indú, tal vez musulmana

Forzada llegaste a verdes tierras mexicanas
Raptada de una playa de incienso de la India
Por tu belleza irresistible y corta edad

Cinco años en las Filipinas
Antes del puerto de Acapulco
Para ser el adorno más bello de un jardín tropical

Ni china ni poblana
Indú, tal vez musulmana

Diez veces más pagaron por ti
Y hasta Puebla de los Ángeles
Fuiste a dar

Nunca dejaste tu ropa tradicional
Nunca la lengua castellana quisiste hablar
En silencio blanco quedaste para la eternidad

Ni china ni poblana
Indú, tal vez musulmana

Entre la iglesia y tu casa
Con orgullo tu ligero andar veo
Al llevar tu ropa suave tradicional

Tu imagen se reproduce
Como símbolo de una nación
Tus manos de niña ese mito cosieron

Ni china ni poblana
Indú, tal vez musulmana

Hacerte santa no se permitió
Pues tu cuerpo manchado estaba
Sin tu voluntad

Más tu leyenda perdura
Tu piedad el pueblo reconoció
A pesar de la inquisición

Ni china, ni poblana
Indú, tal vez musulmana

Mis manos sobre tu frío sepulcro
Donde tus restos deberían de reposar
Ahora vacío está

Símbolo de la nación mexicana
Tu nombre Mirrah
O Catarina de San Juan

Ni china, ni poblana
Indú, tal vez musulmana

(Granada, Andalucia, España, verano de 2012)

49

CHINA POBLANA

Neither Chinese nor Poblana
Hindu, perhaps Muslim

You arrived on Mexican soil forced
Snatched from an incense beach in India
Because of your irresistible beauty and youth

Five years in the Philippines
Before the port of Acapulco
To be the loveliest decoration in a tropical garden

Neither Chinese nor Poblana
Hindu, perhaps Muslim

They paid for you ten times more
And Puebla de los Ángeles
Is where you ended up

You never gave up your traditional clothes
Never wanted to learn Spanish
Remaining in white silence for all eternity

Neither Chinese nor Poblana
Hindu, perhaps Muslim

Between the church and your house
Proudly I see your delicate step
Wearing your soft traditional clothes

Your image is reproduced
As the symbol of a nation
Your child hands sewed this myth

Neither Chinese nor Poblana
Hindu, perhaps Muslim

They did not allow you to be made a saint
Because your body was sullied
Without your consent

But your legend persists
Your piety recognized by the people
Despite of the inquisition

Neither Chinese nor Poblana
Hindu, perhaps Muslim

My hands on your cold tomb
Where your remains should repose
Empty now

Symbol of the Mexican nation
Your name Mirra
Or Catarina de San Juan

Neither Chinese nor Poblana
Hindu, perhaps Muslim

(Granada, Andalusia, Spain, summer of 2012)

LLORO

Para *La Primavera* de Sandro Botticelli

Lloro, lloro, lloro
Lloro cada vez que te veo
Lloro de alegría
Llanto que me inunda
Que brota de mi centro
Cascada de vida
Que todo lo invade
Llanto en el que me ahogo yo misma
Lloro, lloro, lloro
En el silencio de la sala lloro
Sollozos que siembran vida
Lloro, lloro, lloro
Y vuelvo a llorar
Lloro y no me pregunto nada
No me cuestiono nada
No me preocupo por los transeúntes
Sólo lloro
Arquero de vida sobre ti
Listo para lanzar una flecha
Lloro
Lloro por tu belleza
Me sobrepasa
El gemido de mi alma
Se enreda en todas partes
Como hiedra que brota de la boca
Lloro, lloro porque Mercurio de rojo me mira
Porque tu esplendor me sobrecoge
Porque estás en el centro de la pintura

Y en el silencio más cerrado de este espacio
O lo que yo pienso como silencio
Derramo más lágrimas
Lloro, lloro, lloro
Lloro cuando te veo
Cuando te veo lloro
Lloro, lloro, lloro
Sólo lloro
Mientras un céfiro con su aliento
Esparce mis lágrimas

(Florencia, Italia el 4 de junio de 2013)

I WEEP

For Sandro Botticelli's *Primavera*

I weep, I weep, I weep
I weep every time I see you
I weep of happiness
Tears that wash over me
That sprout from my center
Cascade of life
That invades everything
Tears in which I drown myself
I weep, I weep, I weep
In the silence of the gallery I weep
Sobs that sow life
I weep, I weep, I weep
And I weep again
I weep and I question nothing
I wonder nothing
I worry not about passersby
I merely weep
Archer of life above you
Readies an arrow
I weep
I weep for your beauty
It overwhelms me
The moaning of my soul
Wraps itself everywhere
Like ivy that sprouts from the mouth
I weep, I weep because red-clad Mercury watches me
Because your splendor overpowers me
Because you're in the center of the painting

And in the most closed silence of this space
Or what I think of as silence
I shed more tears
I weep, I weep, I weep
I weep when I see you
When I see you I weep
I weep, I weep, I weep
I merely weep
While a zephyr scatters my tears
With his breath

(Florence, Italy, 4 June 2013)

EN EL GUGENHEIM

Poesía intermitente de rojo eléctrico
Azul neón en el Gugenheim
Esculturas metálicas fluidas
Olas a lo largo de la sala

Laberintos de hierro oxidado
Verde fosforescente entre instalaciones
Con aroma a vino tinto que gotea
Lentamente sobre textiles y madera

Niebla, escultura viva, que se mueve
Paralela al río Nervión
Grotescas arañas maternales
Mostrando todo su esplendor

Pasajes secretos de cartón,
Cinta adhesiva y papel aluminio
Filosofía incrustada en paredes
De espuma blanca y color café

Salas mudas de amarillo chillante
Luces blancas de televisores viejos
Frente a rígidos sofás
De pasadas décadas

Corriente eléctrica
Con ritmos cardiacos
Entre jaulas de madera
Y alambre de púas

Perro de flores multicolores
De frágiles texturas me despide
Al lado de brochazos rojos,
Negros y amarillos de Jackson Pollock

(Bilbao, España, verano de 2011)

AT THE GUGGENHEIM

Intermittent poetry of electric red
Neon blue in the Guggenheim
Fluid metallic sculptures
Sea waves sweep down the hall

Labyrinths of rusted iron
Phosphorescent green between installations
Scent of red wine that drips
Slowly upon textiles and wood

Fog, living sculpture, moving
Parallel to the Nervión River
Grotesque maternal spiders
Revealing all their splendor

Secret cardboard passageways,
Adhesive tape and aluminum foil
Philosophy inlayed on white foam
And coffee-colored walls

Silent rooms of lurid yellow
White lights on old TVs
Face rigid sofas
Of decades gone by

Electric current
Cardiac rhythms
Between cages of wood
And barbed wire

Dog of multicolored flowers
Of fragile textures I take my leave
Next to brushstrokes, red,
Black and yellow by Jackson Pollock

(Bilbao, Spain, summer 2011)

EL PEINE DEL VIENTO

Para el conjunto de esculturas de Eduardo Chillida

Último rincón del mundo
Donde frías olas chocan contra la piedra
Mar verdiazul

Manos oxidadas
Que gritan desde los peñascos
Cubiertos de minúscula vida marina

Acantilados anaranjados que
Hacen música con el viento
San Sebastián ensangrentado espera

(San Sebastián, España, verano de 2011)

EL PEINE DEL VIENTO (THE WIND COMB)

For the series of sculptures by Eduardo Chillida

Furthest corner of the world
Where cold waves strike the rocks
Bluegreen sea

Rusty hands
Scream from rocky cliffs
Covered with tiny sea life

Orange-colored cliffs
Create music with wind
Bloodstained San Sebastián awaits

(San Sebastián, Spain, summer 2011)

CUEVA DE NERJA

Para Isabel Ruiz Lara

Columnas de tiempo
como piedras de agua.
Fluyen notas musicales
en los minerales,
en cada centímetro
que avanza, eco, eco, eco.

Aleteos de agua,
en intervalos cadenciosos,
se leen en los pliegues de la tierra,
en el centro de la bóveda
como cascadas de piedra,
húmeda oquedad.

En las bóvedas vacías
el grueso aire llena las salas.
El tiempo se absorbe
en la respiración,
en cada aliento,
ritmo de agua.

Latidos de barro,
canto de cristales,
pliegues en las entrañas
de bóvedas pulsátiles.
La piel de la tierra
se abre, se abre, se abre.

(Cueva de Nerja, Andalucía, julio de 2013)

CAVES OF NERJA

For Isabel Ruiz Lara

Columns of time
like stones of water.
Musical notes flow
through minerals,
into every centimeter
that advances, echoes, echoes, echoes.

Flapping wings of water,
in cadenced intervals,
are read in creases of the earth,
in the center of the cavern
like cascades of stone,
wet cavity.

In vacant caverns
heavy air fills the halls.
Time is absorbed
in every inhalation,
every breath,
rhythm of water.

Heartbeat of mud,
chant of crystals,
creases at the entrails
of pulsating caverns.
The skin of the earth
is opening, opening, opening.

(Caves of Nerja, Andalusia, July 2013)

EN LA TERRAZA DEL DUOMO DE MILÁN

El arte en la roca es espuma de mar
Me recuesto sobre la piedra
Todo está dicho
Menos sentir
Oigo las campanadas
De la una en punto
En la terraza del Duomo de Milán
El frío mármol blanco a mis pies
Me conforta, lo siento en la piel
Los ojos se colman de azul
Santos voladores
Por delante y por detrás
Arcos que fluyen del mármol
Incomprensible majestuosidad
Delicadeza en piedra a lo largo
Y ancho de esta iglesia
Cierro los ojos y siento
La brisa que recorre mi cuerpo
Mientras seis siglos de gestación
Se me meten en el corazón

¡Oh grandeza humana!
Manos que te dieron vida
Suavidad de la blanca piedra
La ciudad a mis pies
Quiero recorrer cada diseño
En tu fachada
Tatuarlos en mis manos
Registrarlos en la memoria de mi cuerpo

Otros han llegado
Te han celebrado ya
Mark Twain, Oscar Wilde
Pusieron sus manos sobre ti
Antes que yo

(Milán, Italia, mayo de 2013)

On the Terrace of the Milan Duomo

Art in rocks is sea foam
I recline against the stone
Everything is said
Except feeling
I hear the bells
One o'clock sharp
On the terrace of the Milan Duomo
Cold white marble at my feet
Comforts me, I feel it on my skin
My eyes fill with blue
Flying saints
In front of me and behind
Arches that flow from the marble
Incomprehensible majesty
Delicacy in stone along the length
And breadth of this church
I close my eyes and feel
Breeze travels along my body
While six centuries of gestation
Sneak into my heart

Oh human grandeur!
Hands that gave you life
Smoothness of white stones
The city at my feet
I want to visit every design
On your façade
To tattoo them on my hands
Register them in the memory of my body

Others have arrived
Others have already celebrated you
Mark Twain, Oscar Wilde
Placed their hands on you
Before I did

(Milan, Italy, May 2013)

EN LA PLAZA DE NEPTUNO

Neptuno se monta
En un barco de papel
Durante la lluvia
Me mira al ritmo
De música gitana
Mientras las calles se inundan
Con notas de acordeón
Boloña con sus torres
Las calles empedradas
Están llenas de agua
De sus muros medievales
Escurre música gitana
Neptuno ruge
Su tridente se agita
Mientras pienso en ti

(Boloña, Italia, verano de 2013)

In the Plaza of Neptune

Neptune is riding
On a paper boat
During the rain
He looks at me
To the beat
Of gypsy music
While the streets
Flood with accordion chords
Bologna with its towers
Cobblestoned streets
Are full of water
Gypsy music drains
From medieval walls
Neptune bellows
His trident shakes
While I think of you

(Bologna, Italy, summer 2013)

FRENTE A LOS ALPES SUIZOS

Ríos de luz en la nieve
Nubes exuberantes
Tersura sobre ellos
Cumbres nevadas
Helado paraíso blanco
Con tranquilidad respiro

Mi mirada se posa en ellos
Doy gracias
Llenándome de energía
Dejo ir la tristeza
Otro río de luz
Se abre en las montañas

Eterna alma errante
La poesía me espera
Una campanada a lo lejos
Otra a mi derecha
Una más a mi izquierda
La cuarta al mediodía

(Lugano, Suiza, en la cumbre del San Salvatore
el 30 de mayo de 2013)

BEFORE THE SWISS ALPS

Rivers of light on snow
Exuberant clouds
Smoothness above them
Snowy peaks
Frozen white paradise
I breathe calmly

My gaze rests upon them
I give thanks
Imbibing energy
I let sadness go
Another river of light
Opens up in the mountains

Eternal wandering soul
Poetry awaits me
The peal of a bell in the distance
Another to my right
One more to my left
The fourth at midday

(Lugano, Switzerland, on the summit of San Salvatore,
May 30, 2013)

EN EL CIMETIERE DU PERE LACHAISE

Para Oscar Wilde

Clavel verde en mano
Líneas escarlatas sobre papel
Que no se pronuncian más

Callejuelas empedradas bajo mis pies
Cuento los pasos para llegar
Acelero mi andar

Versos de rubíes y espadas
Atrevido espíritu
Eco de palabras verdes

Rígida fría esfinge blanca
Me recibe
Me refugio en tu imagen

Con libro en el corazón
Continúo mi camino en silencio
Sin encontrarte

(París, verano de 2010)

AT THE *CIMETIERE DU PERE LACHAISE*

For Oscar Wilde

Green carnation at hand
Scarlet lines on paper
Never pronounced again

Narrow cobblestone alleyways under my feet
I count the steps to arrive
I quicken my gait

Verses of rubies and swords
Daring spirit
Echoes of green words

Cold white rigid sphinx
Receives me
I take refuge in your image

With book over my heart
I continue my path in silence
Without finding you

(Paris, summer, 2010)

LIBRO DE BRONCE

Invaden avenidas aéreas
Negras golondrinas chillonas
Por la mañana en Baeza

Entre el trinar alocado
Y vuelo desparpajado
Encuentro sentado al poeta

Lee su libro de bronce
Con su bastón al lado
En la oscura banca

Machado de letras
De fuentes y galerías
De poemas en los olivos

Un aula lleva su nombre
Su caligrafía en el aire
Sus pasos se escuchan

Celebro la vida
Recorro sus calles
Leo su poesía

(Baeza, Jaén, España, verano de 2012)

BRONZE BOOK

Shrill black swallows
Invade aerial avenues
In the morning in Baeza

Between the madcap warbling
And the scattered flight
I find the poet sitting

He is reading his bronze book
Cane by his side
On the dark bench

Lettered Machado
Of fountains and galleries
Of poems in olive groves

A classroom bears his name
His calligraphy in the air
His footsteps resound

I celebrate life
I walk down his streets
Read his poesía

(Baeza, Jaén, Spain, summer 2012)

EN BUSCA DE POESÍA

Entre tus azules brazos
Sierra de Cazorla
Con la vacilante niebla dormito

Dos poetas
Machado y San Juan de la Cruz
Entre Úbeda y Baeza

Tenue bruma matutina
Desaparece
Campos de grises olivos

Me despido
Montañas de mi ocasional
Andar

Valle de aceite de oliva
Ocre polvo de arcilla
Que se transforma en poesía

(Úbeda y Baeza, Jaén, España, verano de 2012)

In Search of Poetry

Between your blue arms
Sierra de Cazorla
I doze in wavering haze

Two poets
Machado and San Juan de la Cruz
Between Úbeda and Baeza

Tenuous morning fog
Disappears
Fields of gray olive groves

I take my leave
Mountains of my occasional
Hikes

Valley of olive oil
Ochre clay dust
Becomes poetry

(Úbeda y Baeza, Jaén, Spain, summer 2012)

LA FÁBRICA DE HACER VERSOS

Tras los cristales limpios
Observo tu caligrafía
La quiero sentir

Otra vez es verano
Y la fábrica de hacer versos
Está a unos pasos de mí

Discretamente la rozo
Con la punta del dedo
Escucho la explicación

Suprimo un suspiro de roble
Veo a través de la ventana
Imagino Sierra Nevada

Bajo lentamente la escalera
Música desde el piano
Mientras sonríes y te despides de mí

(Huerta de San Vicente, Granada, Andalucía, España,
verano de 2012)

VERSE FACTORY

Behind the clean glass
I observe your calligraphy
I want to feel it

It is once again summer
And the verse factory
Is only a few steps away

I brush it discreetly
With the tip of my finger
I listen to the explanation

I suppress a solid oak sigh
I see through the window
I imagine Sierra Nevada

I descend the stairs slowly
Music from the piano
While you smile and take your leave of me

(Huerta de San Vicente, Granada, Andalusia, Spain,
summer 2012)

En la Huerta de San Vicente

Bajo la ventana de
Tu dormitorio estoy
A la sombra del naranjo
Disfruto de este aire
Cálido y del trinar
Alocado de los pájaros

Verde intermitente
De los chopos
Y la vid de antaño
Que se mueven con el viento
Llevan sabor a ti,
Federico, en la raíz

(Granada, Andalucía, España, verano de 2012)

In the Garden of San Vicente

Beneath the window of
Your bedroom I am
In shade of the orange tree
I enjoy this warm air
And the crazed
Warbling of birds

Intermittent green
Of black poplars
And grapevines of the past
Move with the wind
Carry a taste of you,
Federico, in their roots

(Granada, Andalusia, Spain, summer 2012)

En la parada de Fuente Vaqueros

¡Que me lo matan!
Grita la madre gitana
En Fuente Vaqueros

Ya veo cómo, Federico,
Llegaron hasta ti todas
Esas voces apasionadas

Gitanos en bicicleta
Arreglando la vida
Desde los corredores

Una escultura
Y un cartel rojo
Dan la bienvenida

Viejos que componen el mundo
Representan melodías
De tu bella poesía

Mujeres con paso rápido
Defienden los hijos
Perdidos en el camino

Rumores gitanos hoy
En Fuente Vaqueros
Desde la parada de autobús

(Fuente Vaqueros, Andalucía, España, verano 2011)

AT THE STOP IN FUENTE VAQUEROS

They are killing him!
Shouts the mother gypsy
In Fuente Vaqueros

Now I see, Federico,
How all these passionate voices
Reached you

Gypsies on bicycles
Sorting out life
From the edges

A sculpture
And a red poster
Offer greetings

Old people compose the world
Representing melodies
Of your beautiful poetry

Women with rapid steps
Defend their children
Lost along the way

Murmuring of gypsies today
In Fuente Vaqueros
From the bus stop

(Fuente Vaqueros, Andalusia, Spain, summer 2011)

ALPUJARRA DE AGUA

Si yo fuera agua clara
Bajaría por las laderas de la Alpujarra
Deslizándome entre las grietas de las piedras
Atravesaría la montaña verde libremente
Me colaría por las cavernas más oscuras
Gotearía desde las bóvedas

Si yo fuera agua de lluvia
Correría por canales
De calles empedradas
De los pueblos blancos
Me escurriría por los techos
Hasta alcanzar los profundos valles

Si yo fuera agua fría de manantial
Brotaría desde la tierra
Enjuagaría las jarapas más gruesas
En los lavaderos públicos
Dejaría que los niños
Se salpicaran

Si yo fuera agua de los sueños
Aplacaría la sed de los poetas
Llegaría hasta los almendros
Y barrancos escarpados
Me concentraría en los naranjos
Esperando convertirme en nubes

(Las Alpujarras, Andalucía, verano de 2012)

ALPUJARRA OF WATER

If I were clear water
I would run down the slopes of the Alpujarra
Slipping between cracks of stones
I would cross green mountains freely
Slip through the darkest caverns
Drip from the vaults

If I were rainwater
I would run along canals
On cobblestone streets
Of the Pueblos Blancos
I would trickle from the rooftops
Until reaching deep valleys

If I were cold spring water
I would well from the earth
I would rinse the thickest jarapas
By hand in the public laundries
I would let children
Splash one another

If I were water of dreams
I would appease the thirst of poets
I would reach almond groves
And craggy ravines
I would concentrate on orange trees
Waiting to become clouds

(Las Alpujarras, Andalusia, Summer 2012)

LLUEVE

Llueve en la América profunda
Llueve en el corazón
Se abren los trigales con el viento
Desde las nubes grises
Se desprenden gotas
Que alcanzan las espigas
Las mueve, las alimenta
Llueve en las praderas
Sopla el viento en la esmeralda tierra
Se provoca la tormenta
En los maizales
Sonidos huecos de lluvia entre las hojas
El viento corre entre los dorados campos
Los doblega y levanta en un eterno vaivén
Siento la humedad en la piel

(Iowa City, octubre de 2012)

It Is Raining

It is raining in deepest America
It is raining in the heart
Wheat fields open with wind
Drops slip
From gray clouds
Reaching stalks
Moving them, feeding them
It is raining on the meadows
Wind blows on emerald land
Provoking storms
In corn fields
Hollow sounds of rain on husks
Wind runs between golden fields
Bending and lifting them back and forth
I feel damp skin

(Iowa City, October 2012)

JACARANDAS

Hoy descubrí los árboles de jacaranda
Por las calles anchas de Sevilla

Recordé que de niña
Juraba casarme bajo uno de ellos

Invitados vestidos de blanco
Una mesa larga llena de piñas

Recordé que mis jacarandas
Las de mi niñez en Xalapa
Bañaban de lluvia violeta
Mis infantiles pasos

Las ponía entre mis manos
Rompía una que otra florecilla
Las demás decoraban mi cabello largo

Pero ahora estoy en Sevilla
Camino por sus avenidas
Descubro la primavera
Y canto a los árboles color violeta

(Sevilla, Andalucía, España, verano de 2012)

JACARANDAS

Today I discovered jacaranda trees
Along the broad streets of Sevilla

I remember that as a girl
I pledged I would get married beneath them

Guests dressed in white
A long table full of pineapples

I remembered my jacarandas
From my childhood in Xalapa
Bathed my steps
With violet rain

I placed them in my hands
Breaking the occasional little flower
Others decorated my long hair

But now I am in Sevilla
Walking down its boulevards
I discover spring
And I sing to violet colored trees

(Sevilla, Andalusia, Spain, summer 2012)

PRIMER DÍA EN TANGER

Me ha recibido la lluvia en Tanger
Con granizo deslizándose por las calles
Camino hacia el Navío de Venus
En el centro de la Kasbah
Mosaico donde me embarcaré por siempre
Viajaré entre sirenas y pitonisas
Perdida entre el azul del mar
Y el ocre de las ánforas
Truenos en el cielo de la Kasbah
Mi viaje se retrasa
Me resguardo entre los naranjos
Lista para zarpar

(Tanger, Marruecos, verano de 2012)

FIRST DAY IN TANGIER

Rain receives me in Tangier
Hail slipping down the streets
I walk toward the Voyage of Venus
In the center of the Kasbah
Mosaic where I will embark eternally
I will travel amidst sirens and sorceresses
Lost amidst the blue sea
And ochre of the amphora
Thunder in the sky of the Kasbah
My trip is delayed
I take shelter among orange trees
Ready to set sail

(Tangier, Morocco, summer 2012)

91

LA BAHÍA DE TANGER

Tingis te dio el nombre
Bahía de viajeros
Columnas de Hércules

Las puertas de tu Medina son
El principio de laberintos de texturas
Alfombra de mil palabras

Tu Medina pierde en cada paso
Seducen los colores de los textiles
Curiosidad y encanto se unen

Pasajes oscuros, miradas curiosas
Grupos de músicos y aromas a especias
Simple arquitectura que sorprende

Puertas verdes en las mezquitas
Llamado de los almuédanos
Para cada uno de tus habitantes

Teterías con hombres sentados
Listos para los espectáculos callejeros
Para observar al siguiente caminante

Restos fenicios frente al mar
Aquellos que trajeron
Mercancía de otras tierras

Telas exóticas mas ¿qué es lo exótico?
Si no lo usual en este lugar
Alfombra de mil palabras

Mar que se bate entre
Las rocas de la bahía
Que explota en un millón de versos

Banderas rojas ondean en el cielo
Se pierden con el viento
Y esto, tan sólo es el comienzo

(Tanger, Marruecos, verano de 2012)

BAY OF TANGIER

Tingis gave you the name
Bay of travelers
Pillars of Hercules

Doors of your Medina are
The beginning of labyrinths of textures
Carpet of a thousand words

Your Medina loses in every step
Colors of textiles seduce
Curiosity and enchantment come together

Dark alleyways, curious gazes
Groups of musicians and aromas of spices
Simple architecture that surprises

Green doors on mosques
The calls of muezzins
To each of your inhabitants

Tea houses with men sitting
Ready for the street show
For observation of the next passerby

Phoenician remains alongside the sea
Those who brought
Merchandise from other lands

Exotic fabric, but what is exotic?
If not the usual in this place
Carpet of a thousand words

Sea that beats upon
Rocks of the bay
That explodes in a million verses

Red flags wave in the sky
Lost with the wind
And this, this is only the beginning

(Tangier, Morocco, summer 2012)

Amanecer en Tarifa

Luz dorada del amanecer
Ilumina dos tonos
De azul en el mar
Marruecos frente a mí
Espejo de Andalucía
Cual eslabones que se
Vuelven a conectar
Sonidos semejantes
Sabores que se intensifican
En su propia realidad
Rumores de gente
Que viene y que va
Dos idiomas, dos religiones
Amanecer en Tarifa
Estrecho de Gibraltar

(Tarifa, Cádiz, España, verano de 2012)

DAYBREAK IN TARIFA

Golden light at daybreak
Illuminates two shades
Of blue in the sea
Morocco in front of me
Mirror of Andalusia
Links in a chain that
Reconnect
Similar sounds
Flavors that intensify
In their own reality
The murmuring of people
Who come and go
Two languages, two religions
Daybreak in Tarifa
Strait of Gibraltar

(Tarifa, Cádiz, Spain, summer 2012)

ATARDECER EN BARCELONA

Para la banda poética

La gran calzada nos lleva
Al cielo rosado del atardecer
Frente al mar

Cielo de poesía
El camino donde otros han dejado
Sus palabras en arena

Cielo rosado del atardecer
Mar de azul distante
Atardecer en Barcelona

Caminata entre los rumores callejeros
Entre el bosque de poesía
Un brindis a la gramática fluida

Con el atardecer
Un instante rosado
Frente al mar

(Barcelona, verano de 2011)

SUNSET IN BARCELONA

For la banda poética

Grand Avenue takes us
To sunset's pink sky
Facing the sea

Sky of poetry
Road where others have left
Their words in the sand

Pink sky of sunset
Distant blue ocean
Sunset in Barcelona

We stroll among street sounds
In the forest of poetry
A toast to fluid grammar

Along with the sunset
A pink instant
Facing the sea

(Barcelona, summer, 2011)

GRANADA

Susurros de poesía
Poemas de sol en la lengua
La historia se bebe en tus fuentes de agua

Me embriaga tu imagen áurea
Tus torres bermejas en la distancia
Ciudad donde las piedras moras cantan

Voces de flamenco entre hojas de los cedros
Olor a blanco jazmín nocturno
Fluida agua entre los versos

Granada de poemas eternos
Ciudad bruja
De pasión en los muros

De luna roja
De señales secretas
Respiración agitada entre las palabras

Sílabas sostenidas en la atmósfera
Ciudad que susurra sus secretos
Que se lleva dentro

Puertas se abren a mundos antiguos
Murallas nazaríes
Arquitectura sagrada dentro

Granada despiertas la fuerza
Donde se inhalan los versos
Poemas de agua y cielo   (Granada, Andalucía, España, verano de 2011)

GRANADA

Whispers of poetry
Poems of sun on the tongue
History drinks from your fountains of water

I am beguiled by your golden image
Your red-toned towers in the distance
Where Moorish stones sing

Flamenco voices among cedar leaves
Aroma of nocturnal white jasmine
Fluid water among the verses

Granada of eternal poems
Bewitching city
Passion inside walls

Red moon
Secret signals
Heavy breathing amidst the words

Syllables live in the atmosphere
City that whispers secrets
That it carries inside

Doors open to ancient worlds
Nasrid walls
Sacred architecture inside

Granada you awaken the force
Where verses are inhaled
Poems of water and sky

(Granada, Andalusia, Spain, summer 2011)

GRANADA

Kentsimokaki xochihuikatl
Tlatolhuikatl tlen tonati ipa nenepili
Nemiliskayotl kióni ipa moameyalotl

Nechihuinti ta kuajkualtsi tlaixneskayohuapali
Motlalpiyokan chichiltik pepetlaka ika huejka
Altepetl kani xopaltetl huikan

Huikatlajtoke itsala xihuitl tlen tiokuahuitl
Tlayohua mijyotia chipahuak tiotlaxochitl
Mixkuepa atl itsala tlatolyoxochitl

Granada inochipayo tlen tlatolhuikatl
Sihuanahuali altepetl
Ipa tlaketzali iknoajkayotl

Tlen chichiltik metstli
Tlen machiyolkame ichtakayotl
Mijmineltia ikakamanali

Ipamixtli tlakuakechilitlajkuiloli
Altepetl tlen kentsimokakiichtakayotl
Tlen tlatik mokaki

Tlapohui mokaltsajkayotl huejkapatlaltipaktli
Mits yohualoa tepamitl nazaríes
Tlatlajko yalmanayotl musulmana

Granada kiixitia tetikayotl
Kani tlatoyochtli mo ijyotilana
Tlatolhuikatl tlen atl huan mixtli

(Granada, Andalusia, Spain, summer 2011)

LOBRES

Nace al pie de las montañas
Pequeño pueblo de plata
De techos de teja anaranjada
El trinar de las golondrinas se mezcla
Con el croar de las ranas al amanecer
Los gallos cantan

Mi alma despega cual cometa
Con el viento del Mediterráneo
Desde el alba azotea observo
Apacible alfombra de agua
A la derecha Salobreña blanca con
Su castillo para princesas musulmanas

El sol naciente lanza hilos de oro
Cambia la luz a mi alrededor
Cubre la cima de las montañas
Traza una línea dorada
Sombras de la noche
Permanecen en la mitad baja

Áureos rayos ganan terreno
Siento la calidez en la espalda
En la mesa de mármol blanco,
Donde escribo, un libro de poesía y
Una pluma de tinta verde con la cual
Lleno las silentes páginas

Cielo azul con escasas nubes respiro
Lo celeste se integra conmigo
Campos de chirimoyos verdes
Bruma dorada en las montañas
Cinco golondrinas negras vuelan,
Formando complejas danzas aéreas frente a mí

(Lobres, Andalucía, verano de 2012)

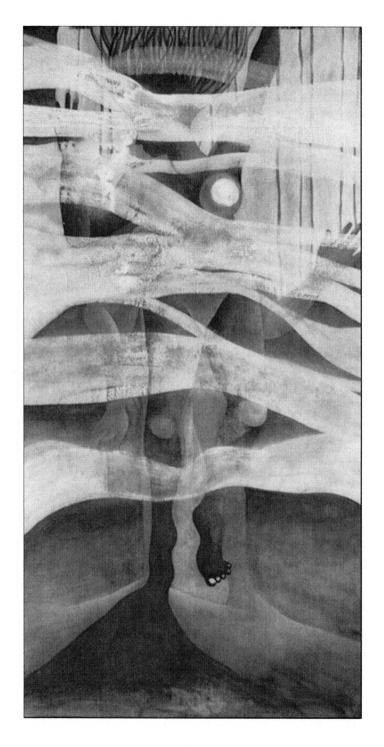

LOBRES

It starts at the foot of the mountains
Small town of silver
Roofs of orange tile
Singing of the swallows mixes
Croak of frogs at daybreak
Cocks crow

My soul ascends like a comet
Mediterranean wind
From the daybreak roof I observe
Serene sea-water rug
On the right white Salobreña
Castle for Muslim princesses

Dawn sun throws gold threads
Light changes around me
Covering summits of mountains
Golden line
Shadows of the night
 remain below

Resplendent rays gain ground
I feel the warmth on my back
On the white marble table,
Where I write, a book of poetry and
A green ink pen
I fill the silent pages

I breathe azure sky, few clouds
Light blue merges with me

Fields of green cherimoya trees
Golden mist in the mountains
Five black swallows fly,
Fashion complex aerial dances in front of me

(Lobres, Andalusia, summer 2012)

Playa de Graná

Este mar quiere poema
Me provoca
Juega con mis pies

Mar encabritao
Arrasa con tó
No se sabe controlar

¡Ay mar de gitanos!
Mar fosforescente
Seductor

Azul que provoca
Mar de filigrana
De espuma de plata

Mar de Graná
De la costa tropical
Cantaor

Este mar quiere poema
Es irreverente
Mar coquetón

(Costa tropical, Andalucía, España, verano de 2012)

108

GRANÁ BEACH

This sea wants poetry
It provokes me
Plays with my feet

Rough sea
It levels everything
It is out of control

Ay gypsy sea!
Phosphorescent sea
Seductive

Blue that provokes
Filigree sea
Of silvery surf

Graná Sea
Tropical coast
Singing flamenco

This sea wants poetry
It is irreverent
Flirtatious sea

(Tropical coast, Andalusia, Spain, summer 2012)

MAR TURQUESA

Camino frente al mar
Mediterráneo
Noche de luna

Mar que brilla
Con el oleaje y
La espuma

Fosforescencias
Nocturnas
Mar turquesa

Estrellas de concha nácar
Camino blanco
Hacia el infinito

Húmedas piedras
Sutil canto marino
Ya no tengo penas

(Costa Tropical, Andalucía, España, verano de 2012)

TURQUOISE SEA

I walk in front
Of the Mediterranean
Moon-filled night

Sea that sparkles
With swell
And foam

Nocturnal
Phosphorescence
Turquoise sea

Stars of nacre shells
White path
Toward infinity

Damp stones
Subtle sea song
Now my troubles are gone

(Tropical Coast, Andalusia, Spain, summer 2012)

INCALCULABLE

Mar de poemas
De cantos profanos
Y gaviotas dispuestas a atacar

Historia en el agua
Mar de incalculable
Profundidad

Mar de batallas fenicias
De aceite de oliva
De barcos romanos y rezos musulmanes

De naves que llegaron
Hasta las costas de mi niñez
Mar inocente

Mar que encontró otras culturas
Cambió idiomas
Y llevó el final

Mar que forjó la raza cósmica
Llevó una nueva religión
Mar de soledad

Mar de corrientes lingüísticas
Con fuego en las olas
Y frases de pasión

(Costa Tropical, Andalucía, España, verano de 2012)

INCALCULABLE

Sea of poems
Of profane songs
And gulls prepared to attack

History in water
Sea of profundity
Incalculable

Sea of Phoenician battles
Of olive oil
Of Roman ships and Muslim prayers

Of ships that reached
Coasts of my youth
Innocent sea

Sea that found other cultures
Changed languages
And brought the end

Sea that forged the cosmic race
Carried a new religion
Sea of loneliness

Sea of linguistic currents
Fire on the waves
And phrases of passion

(Costa Tropical, Andalusia, Spain, summer 2012)

FRENTE AL MAR

Entonces vio el mar
Se imaginó lo inimaginable
Pensó lo impensable
Y oyó lo inaudible

Después olió el mar
La llenó de aromas marinos
Sonidos acuáticos
E imágenes azules

Cerró los ojos
La roca aulló con el agua
Escuchó la voz extraviada
Comenzó a volar

El mar se batió contra el acantilado
Las rocas entonaron
Canciones que sólo
Ella sabía escuchar

Se volvió gaviota, se volvió piedra
Se volvió agua, se volvió viento
Se volvió pez, se volvió fuego
Se volvió flor, se volvió estrella

Sintió el mar en el pecho
Turquesa de la mañana
Dorado del atardecer
Noches de insomnio

Agua plateada de invierno
De nostalgia infinita
La transparencia del mar en sus senos
Agua salada en el paladar

(Vernazza, Liguria, Italia, verano de 2013)

FACING THE SEA

Then she saw the sea
She imagined the unimaginable
She thought the unthinkable
And heard the inaudible

Next she smelled the sea
It filled her with marine scents
Aquatic sounds
And blue images

She closed her eyes
The rockface howled with the water
She heard the lost voice
She began to fly

The sea beat against the cliff
Rocks intoned
Songs that only
She knew how to listen to

She became gull, she became stone
She became water, she became wind
She became fish, she became fire
She became flower, she became star

She felt the sea on her chest
Turquoise of the morning
Golden of twilight
Nights of insomnia

Silvery water of winter
Of infinite nostalgia
The transparency of the sea on her breasts
Salty water on her palate

(Vernazza, Liguria, Italy, summer 2013)

SONIDOS DE LUNA

Sonidos de luna en el agua
Olas de mar como espejos
Titilantes cascadas

Sonidos de noche en el mar
Canciones de antaño
Que pocos saben escuchar

Magia marina en el corazón
Blanca arena blanca
Que se enreda en los pies

Que hace tropezar el alma
Que obstruye el camino
Fría arena blanca

Me toca, me cubre
Estrella fugaz en la luna
Inmenso mar, turquesa líquida

Diamantes en agua nocturna
Turquesa acuática
Líquida luna llena que empapa

(México, septiembre de 2012)

MOON SOUNDS

Moon sounds on water
Waves of sea like mirrors
Twinkling cascades

Night sounds on the sea
Songs of past years
Few know how to listen to

Marine magic in the heart
White sand white
Tangles around my feet

It makes my soul stumble
Obstructs my path
Cold white sand

It touches me, it covers me
Shooting star on the moon
Immense sea, turquoise liquid

Diamonds on nocturnal water
Aquatic turquoise
Liquid full moon saturates

(Mexico, September, 2012)

VENUS EN LA LUNA

Firmamento negro
De centellas lleno estás
Venus en la luna
Mi corazón en altamar

(Barcelona, España, verano de 2012)

VENUS ON THE MOON

Black firmament
Full of sparks you are
Venus on the moon
My heart on the high seas

(Barcelona, Spain, summer 2012)

CON LA LUNA EN TU ROSTRO

La luna te traspasa
Te atraviesa con sus rayos
Te descompone en mil pedazos
Que levanto con mi alma

Coloco cada uno sobre mi lecho
Para moldearte
Darte forma
Esperarte

Suavemente abres tus ojos
Desconcertado me miras
Te canto la canción de las mil y una noches
Entre velos e inciensos

Recorro tu cuerpo
Desnudo tu alma
Te siento crecer
Con la luna en tu rostro

Cantan los árboles
Al ritmo del viento
Cantan para arrullarte
Y llevarte muy lejos

Te veo, te siento
Me sientes, me quemas
Tus manos de fuego
Tu aliento de arquero

Cabalgando como jinetes
Fundidos en el rojo cielo
Ritos prohibidos
Cantos malditos

Luchas entre las sábanas
Con látigos de deseo
La noche, mi aliada
La luna, mi alma

(México, 1995)

With the Moon on Your Face

The moon pierces you
It passes through you with its rays
It breaks you into a thousand pieces
Mend you with my soul

I place each one on my bed
To mold you
Give you form
Await you

You gently open your eyes
Looking at me disconcerted
I sing you the song of the thousand and one nights
Amidst veils and incense

I travel along your body
I undress your soul
I feel you grow
With the moon on your face

The trees sing
To the rhythm of the wind
They sing you to sleep
And take you far away

I see you, I feel you
You feel me, you burn me
Your burning hands
Your archer's breath

Like galloping riders
Fused in the red sky
Forbidden rites
Song of the damned

Battles between the sheets
With whips of desire
The night, my ally
The moon, my soul

(Mexico, 1995)

IMAGINACIÓN

El trinar de la poesía no cesa
La memoria se ilumina
Los ojos se llenan de color
Campo abierto de palabras

Acueducto de recuerdos
Entre las páginas del libro
Fuertes olas, mar de poesía
Transferidos a la tinta

Corrientes de agua clara
Manantial de creatividad
Lleno de luz, ríos de intuición
Se impregnan en la piel

Altos árboles que pierden hojas
Con el susurro de la imaginación
Ligera brisa de metáforas
Los agita

(Kansas City, otoño de 2012)

IMAGINATION

The warbling of poetry does not cease
Memory is illuminated
Eyes fill with color
Open field of words

Aqueduct of memories
Between the pages of the book
Strong waves, sea of poetry
Transferred to ink

Currents of clear water
Fountain of creativity
Full of light, rivers of intuition
Etched on the skin

Tall trees lose leaves
With whispers of imagination
Light breezes of metaphors
Make them sway

(Kansas City, fall 2012)

ENTRE LÍNEAS

Para conectar
con el ser supremo
respiro profundamente
entre líneas

Entre líneas pienso
en lo que quiero decir,
en la forma,
en las palabras.

Entre líneas
no cuento lo que pasa entre
el signo de interrogación
y la siguiente idea por escribir.

Entre líneas
edito lo que sucede
en mi mente.
Manipulo la hoja de papel.

Entre líneas
detengo mis ruidos mentales
para invocar el signo lingüístico,
que mejor los represente.

Entre líneas
procuro que los silencios,
entre palabras, no sean demasiado largos
o por lo menos no lo parezcan.

Entre líneas
hay espacio silente,
entre signos lingüísticos,
que parece interminable.

Entre líneas disfrazo el dolor
con eufemismos sutiles,
causado por la muda eternidad
de la palabra que escribo y esta otra.

Entre líneas hago un café
al tiempo que el signo
de admiración termina
y la siguiente frase empieza.

Entre líneas me pierdo y olvido
la puntuación perfecta,
dudo entre el asterisco,
paréntesis o punto y coma.

Entre líneas respiro profundo
conecto con el ser supremo.
Acto creativo, signo lingüístico.
Cuando escribo un poema.

(México, 2010)

BETWEEN LINES

To connect
With the Supreme Being
I breathe deeply
Between lines

Between lines
I think about what I want
To say. About the form,
About the words.

Between lines
I do not count what happens between
The question mark
And the next idea to be written.

Between lines
I edit what happens
In my mind.
I reposition the sheet of paper.

Between lines
I stop my mental noises
To invoke the linguistic sign,
That best represents them.

Between lines
I endeavor that silences,
Between words, not be too long
Or at least not seem to be.

Between lines
There is silent space,
Between linguistic signs,
That seems interminable.

Between lines I disguise the pain
With subtle euphemisms,
Caused by the silent eternity
Of the word that I write and this other one.

Between lines I make a coffee
At the same time as the
Exclamation point ends
And the next phrase begins.

Between lines I lose myself and forget
Perfect punctuation,
I hesitate between the asterisk,
Parenthesis or semi-colon.

Between lines I breathe deep
I connect with the Supreme Being.
Creative act, linguistic sign.
When I write a poem.

(Mexico, 2010)

REGRESO

Como rayos amarillos
Lo siente todo

Hojas de otoño
Luz titilante a través de ellas

Helechos en el suelo
Aroma a bosque

Recuerda caminatas en la nieve
Y congelada agua del río

Las montañas verdes de Vermont
La esperan en paz

Vuelve a casa la poeta
Montada en las páginas

(New England, octubre de 2012)

THE RETURN

Like yellow rays of light
She feels it all

Autumn leaves
Light twinkling through them

Ferns on the ground
Forest scent

She remembers walks in snow
And frozen water of the river

The green mountains of Vermont
Await peacefully

La poeta returns home
Riding on pages

(New England, October 2012)

NATURALEZA

La que se mueve fuerte
Produce flores rojas embriagantes
Y los poemas más sensuales

Está lastimada
Sangran sus cañones,
Sus montañas se desgarran

Su corazón rojo profundo tiembla
Vibra su centro enardecido
Las casas caen

Granizadas de plata
Cubren los verdes campos
Con la ira azul de ehécatl

(Kansas City, otoño de 2012)

MOTHER NATURE

Stirring strongly she
Produces intoxicating red flowers
And the most sensual poems

She is wounded
Her canyons bleed,
Her mountains are torn

Her dark red heart trembles
Her inflamed center vibrates
Houses fall

Silver hailstorms
Cover green fields
Ehécatl's blue rage

(Kansas City, Fall 2012)

134

CANCIÓN OLVIDADA

Niebla, niebla, niebla
Océanos de niebla
Sendero de plata
Islas flotantes de verdes cimas
Camino en las nubes
Canto de pájaros

Niebla, niebla, niebla
Niebla en las montañas
Mar de niebla
Canción de bosque,
Susurro de árboles
Canción olvidada

Mas anoche cantó largas horas
Hasta llegar al palpitar de mi alma
Al pulso de mis venas
Verde oscuro
Bosque de niebla
Canción olvidada

El amanecer me enfrenta
Ante otra canción
Aves cantoras
Sol ascendente en la espalda
Embriagante resplandor
Halo áureo en el cuerpo

Canción olvidada
Resucita de entre la niebla
Complementa la del amanecer
Tonos de viento
Ante la incrédula mirada
Como si fuera la primera vez

Leo la canción de viento
Luz del bosque
Brillantes helechos
Vista renovada
Buscándome, encontrándome
Canción de niebla

No soy la de bosques de asfalto
No soy la de inviernos oscuros
Soy luz y soy niebla
Soy luz y soy árbol
Soy luz y soy tierra
Niebla en las venas

No soy la que enfoca la mirada
En pantallas
Luz radioactiva
Luz neón
Luz artificial
Luz creada

Soy la de ojos libres
La que nota tu mirada
Soy la que encuentra al halcón perchado
En la rama más alta

La que escucha el trinar de aves
Y gallos anunciar la mañana

Soy la que vislumbra hojas mecerse
En la profundidad de la niebla
La que presiente las flores
La que descubre la esencia nocturna
Sendero en las nubes
Canto de pájaros

Niebla, niebla, niebla
Bosque de niebla
Corazón de niebla
Niebla en las montañas
Susurro de hojas
Canción olvidada

(Cuetzalan, Puebla, diciembre de 2012)

FORGOTTEN SONG

Fog, fog, fog
Oceans of fog
Silvery path
Floating islands of green peaks
Path in the clouds
Song of birds

Fog, fog, fog
Fog in the mountains
Sea of fog
Song of forests,
Whisper of trees
Forgotten song

But last night sang many hours
Until reaching the beating of my soul
Pulse of my veins
Dark green
Forest of fog
Forgotten song

Dawn confronts me
Before another song
Birds of song
Sun slipping up my back
Inebriating splendor
Golden halo on my body

Forgotten song
Resuscitated from amidst the fog
Complementing the song of dusk
Tones of wind
Before the incredulous gaze
As if it were the first time

I read the song of wind
Forest light
Brilliant ferns
Renewed vision
Searching for me, finding me
Song of fog

I am not of a cement forest
I am not of dark winters
I am light and I am fog
I am light and I am tree
I am light and I am earth
Fog in my veins

I am not one to focus the gaze
On screens
Radioactive light
Neon light
Artificial light
Created light

I am the one of free eyes
Who marks your gaze
Who finds the falcon perched
On the highest branch

Who hears the warbling of birds
And roosters announcing the morning

I am the one who catches sight of swaying leaves
In the depth of the fog
Who is aware of flowers
Who discovers nocturnal essences
Path through clouds
Song of birds

Fog, fog, fog
Forest of fog
Heart of fog
Fog in the mountains
Whisper of leaves
Forgotten song

(Cuetzalan, Puebla, December 2012)

PALPO

Palpo sentimientos perdidos
Entre surcos de cuerpos sudados
Y una gota de nostalgia.

Palpo notas musicales
Que bailan en calles sin salida
De ciudades mudas.

Palpo sueños de antaño,
Sueños de niña
De pirata sin rumbo.

Palpo poemas censurados
De noches oscuras
Sin luna roja.

Palpo lo impalpable,
Lo duro y lo suave, lo frío,
Lo nuevo, lo verde y lo blanco.

Palpo entre la "p,"
Entre la "a," respiro
Entre la "l," escucho.

Palpo la brisa marina
De mares creados
Que chocan contra mi pluma.

Palpo caballos blancos
De poemas perdidos
Y metáforas sin rumbo.

Palpo la sonrisa de la luna
Con dedos de agua
Frente a sirenas sedientas.

Palpo el ritmo de miradas
Con latidos amarillos
Entre páginas vacías.

(Kansas City, primavera de 2012)

I CARESS

I caress lost feelings
Among furrows of sweaty bodies
And a drop of nostalgia.

I caress musical notes
That dance along dead-end streets
Of silent cities.

I caress dreams of long ago,
Girlhood dreams
Of a pirate without direction.

I caress censured poems
Of dark nights
Without a red moon.

I caress the uncaressable,
The hard and the soft, the cold,
The new, the green and the white.

I caress between the "c,"
Between the "a," I breathe
Between the "r," I listen.

I caress the marine breeze
Of created seas
That collide against my pen.

I caress white horses
Of lost poems
And metaphors without direction.

I caress the smile of the moon
With fingers of water
Facing yearning mermaids.

I caress the rhythm of gazes
With yellow heartbeats
Among empty pages.

(Kansas City, spring 2012)

Retrato

Estados de ánimo esculpidos sobre el lienzo
Retrato mordido
Un guiño delineado entre los recuerdos
Retrato embrujado
Una comisura de labios entre comas y signos de interrogación
Retrato de familia
Una pincelada apresurada, un abrir y cerrar de ojos del pasado
Retrato olvidado
Vida en imagen
Retrato al desnudo
Felicidad de barro para la eternidad
Retrato del primer amor
Tristeza de plata grabada en la memoria
Retrato de dictador
De entre el polvo del olvido las sombras renacen
Retrato en sepia
Interpretación de una vida
Retrato de escritor
Movimientos cotidianos reflejados en azul
Retrato de artista
Tela que sirve de fondo para dar vida
Retrato pintado
Papel donde se imprime la imagen
Retrato de cuerpo entero
A través del rojo te descubro
Retrato prohibido
Para quedarte en la memoria verde
Retrato de poeta

(Kansas City, 2011)

PORTRAIT

Emotional states sculpted on canvas
Portrait bitten
A wink traced among memories
Portrait bewitched
A corner of one's mouth between commas and question marks
Family portrait
A brushstroke rushed, a brief memory from the past
Portrait forgotten
Life in images
Naked portrait
Clay happiness for eternity
Portrait of a first love
Silver sadness carved in the memory
Dictator's portrait
Out of the dust of obscurity shadows are reborn
Portrait in sepia
Interpretation of a life
Portrait of a writer
Everyday movements reflected in blue
Portrait of an artist
Cloth that works to bring life from behind
Portrait painted
Paper where the image is printed
Full body portrait
By means of the red I discover you
Portrait forbidden
To remain in the green memory
Portrait of a poet

(Kansas City, 2011)

Un dragón azul en el desierto

Anoche extravié dos amantes risueños
Pero tropecé con tus dedos entre mi pelo

Perdí la razón en el verano
Pero aprendí de memoria seis palabras nuevas en el invierno

Dejé ir ocho puertas de mi casa
Pero apareció un ladrón de corazones en la ventana

Me privé de una noche entera de sueño
Pero tus labios chocaron contra mi seno

Olvidé un dragón azul en el desierto
Pero descubrí la sintaxis en la arena

Malgasté la sal de mi salero
Pero encontré mi inocencia perdida debajo de la mesa

Abandoné una ciudad entera
Pero leí en tus ojos callados y entonces escribí un poema

Se me escaparon cuatro plumas y un cuaderno
Y me regalaste diez metáforas y quince adverbios

Perdí el acento sobre mi nombre
Pero inventé un artículo y cinco verbos

Corrompí una noche entera de luna llena
Pero gané diez minutos de placer completo

Perdí la noción del tiempo
Pero apareció un delfín rosado en el océano

Confundí los olores verdes del trópico
Pero encontré una llamada perdida entre mis recuerdos

Extravié la puntuación de un párrafo entero
Pero recuperé la memoria y tus sueños

(Kansas City, 2008)

A Blue Dragon in the Desert

Last night I lost two smiling lovers
But I found your fingers in my hair

My mind slipped away in the summer
But I learned six new words by heart in the winter

I let eight doors go from my house
But a robber of hearts showed up in my window

I deprived myself of a whole night's sleep
But your lips bumped up against my breast

I forgot a blue dragon in the desert
But I discovered syntax in the sand

I wasted the salt from my shaker
But I found my lost innocence underneath the table

I deserted an entire city
But I read in your silent eyes and then I wrote a poem

Four pens and a notebook got away from me
And you gave me ten metaphors and fifteen adverbs

I lost the accent over my name
But I invented an article and five verbs

I corrupted a whole night with its full moon
But I gained ten minutes of complete pleasure

I lost the notion of time
But a pink dolphin appeared in the ocean

I confused the green scents of the tropics
But I found a missed call among my memories

I misplaced the punctuation of a paragraph
But I recovered my memory and your dreams

(Kansas City, 2008)

CENTAURO

Centauro que no pide permiso
Que llega a reclamar su espacio
Halo áureo alrededor del cuerpo
Como metal al rojo vivo grabado en la piel
Huella disimulada
Reflejo en el espejo de centauro enaltecido
Que se acerca desde el fondo
Que acecha

(Kansas City, 2009)

CENTAUR

Centaur who asks no permission
Who arrives to reclaim his space
Golden halo around the body
Like red hot metal engraved on the skin
Concealed footprint
Mirror reflection of exalted centaur
Who approaches from the depths
Who lies in wait

(Kansas City, 2009)

ALCANZA LA NIEBLA

Nace de la piedra
La mujer inmóvil
Con el vientre atravesado
De barro rojo
Y los senos llenos

Incrustado en el alma
Lleva un relicario de cabello
E hilos de seda
Movimiento suave
La hace flotar

Con palabras rojas
Y la luna tatuada en el pecho
La mujer de senos llenos
Y canciones suaves
Alcanza la niebla

(Granada, Andalucía, España, verano de 2012)

SHE REACHES THE FOG

Born of stone
Immobile woman
Her stomach crossed
With red mud
And her breasts full

Inlaid in her soul
She wears a reliquary of hair
Silk threads
Gentle movement
Makes her float

Red words
Moon tattooed on her chest
Woman of full breasts
And gentle songs
She reaches the fog

(Granada, Andalusia, Spain, summer 2012)

Que la poesía

Que la poesía se vuelva lluvia
Que moje todos los techos
Inunde las charcas vacías
Y reviva los renacuajos secos

Que la poesía se convierta en viento
Que ulule entre los árboles
Choque en las ventanas rotas
Y viaje por toda la tierra

Que la poesía se haga relámpago
Fulmine pensamientos cuadrados
Llenándolos de círculos
Y amarillas ondas floreadas

Que la poesía se ponga color verde
Que cubra la tierra
Se enrede en los patios
Las flores blancas se hagan poemas

Que la poesía se haga granizo
Que golpee mi cuerpo
Me dé frío y absorba
Cada sílaba incompleta

Que la poesía se torne en fuego
Que devore las casas
Las llene, recorra los muebles
Queme la indiferencia

Que la poesía se vuelva rayo
De luna para que por las noches
Nade entre aguas oscuras
Alumbrada por ella

Que la poesía se haga tornado
Se lleve la apatía
Despierte del letargo
A poetas despistados

Que la poesía se transforme
En agua de rosas
Y apague ese fuego
Que llevo dentro

(Granada, Andalucía, España, verano de 2012)

LET POETRY

Let poetry become rain
Let it soak all rooftops
Flood empty ponds
And revive dried out tadpoles

Let poetry become wind
Let it undulate among trees
Crash into broken windows
And travel all across the land

Let poetry become lightning
Let it strike down square thoughts
Filling them with circles
And flowering yellow waves

Let poetry become the color green
Let it cover the earth
Wrap itself throughout courtyards
White flowers transform into poems

Let poetry become hail
Let it strike my body
Make me cold and absorb
Every incomplete syllable

Let poetry become fire
Let it devour houses
Fill them, travel across furniture
Burn indifference

Let poetry become moonlight
For at night I swim
Dark waters
It illuminates

Let poetry become a tornado
Let it take apathy away
Awake absentminded poets
From lethargy

Let poetry become
Rose water
And put out the fire
I carry inside

(Granada, Andalusia, Spain, summer 2012)

SÍLABAS DE VIENTO

Para el arte de Adriana Manuela

Fluye sin temor la mujer,
sutilmente gira.
Entre nubes crecen
sus anhelos.
Entre lunas pierde la tristeza.
Entre astros se deshace la ilusión.

Fluye la mujer desde la tierra.
En el barro se enredan sus dichas.
Sus sueños, como seda en las olas, se pierden.
En la arena se entierran sus miedos.
Entre jugo de naranja y cereza
la piel se tiñe de malva.

Fluye la mujer en el aire
cual ráfaga de viento.
Se entinta los párpados de lapislázuli.
Se mezcla su aliento con aroma de azahares.
Se desvanece entre cabelleras de estrellas.
Se enreda en la hojarasca del bosque de niebla.

Sobre pinceladas en el blanco
lienzo se forma.
Del papel y el color
nacen sus sentimientos.
Se desplaza hasta concentrarse
en sílabas de viento.

Fluye entre lágrimas,
agua de río y lluvia de verano.
A las páginas se entrega,
aflora del papel amate.
En el tintero rebosante
con el remolino siente.

Pasión contenida palpita.
Ternura guardada brota.
Caligrafía perdida corre por sus venas.
Conocimiento absorbido en la piel.
La mujer que no espera,
siente con el trémulo corazón.

(Andalucía, julio de 2013)

SYLLABLES OF WIND

For the art of Adriana Manuela

The woman flows without fear,
spins subtly.
Among clouds
her longing grows.
Among moons she loses sadness.
Among stars illusion comes undone.

The woman flows from the earth.
In mud her good luck is tangled.
Her dreams, like silk on the waves, are lost.
Into sand, her fears are buried.
Between orange and cherry juice
her skin is dyed mauve.

The woman flows in the air
like a gust of wind.
Her eyelids are inked with lapis lazuli.
Her breath is mixed with the scent of orange blossoms.
She disappears among a mane of stars.
She tangles in leaf storms of forest fog.

Over brushstrokes on the
white canvas she is formed.
From paper and color
her feelings are born.
She shifts until being concentrated
in syllables of wind.

She flows among tears,
river water and summer rain.
She gives herself to the page,
emerging from the amate paper.
In the overflowing inkpot
She feels the whirlpool.

Contained passion palpitates.
Guarded tenderness springs forth.
Lost calligraphy runs through her veins.
Knowledge absorbed in her skin.
The woman who does not wait,
feels with her tremulous heart.

(Andalusia, July 2013)

EJEKATLPIJTLAJTOLI

Ixochitekitl Adriana Manuela

Ika yoltetilistli mo olinia siuatl,
Tlajmatsi mo yaualoa.
Ipan mistli mo iskaltiaj
Inin nekilis.
Ipan tlajko mestli ki poloauj ikuesoli.
Ipan iljuikatltetl mo atilia iyolnekilis.

Ipan tlali mo olinia siuatl
Ipan sokitl mo ilakatsoa ipakilis.
Ikochilis, senijke ichkatlipan atltomontli, mo poliltiaj.
Ipan xali mo tlaltoka imaulistli.
Ipan lalaxiayo uan chichiltik tlakualilkayotl
Kuetlaxkoli mo ijpaltia ika xiuitl.

Ipan ijekatl mo olinia siuatl
Senijke chikauak ejekatl.
Mo ixtiolasultia.
Momaneloa ikamako ika lalaxiuayaka.
Mo yamaniltia ipan sitlalkueyitl.
Mo ilakatsoa ipan tepejtok xiutil tlen kiauitl kuatitlamitl.

Ipan istaltik
Kueyitl mochiua.
Ika amatl uan ikpali
Yoli iyolnemilis.
Mo nemiltia uan mo semana
Ipan ejekatl piltlajtoltsi.

Mo olinia ipan atlchokilis,
Atentliatl uan totonik kiautil,
Ipan amatinej mo tenkaua,
Yoli ipan amatl.
Ipan lemeta tlajkuiloli
Ika malinali ki machilia.

Yoltlatopontli ajoktok uitoni.
Pilnelkayotl ajoktok kueponi.
Polijtok tajkuilolo ipan ieso mo tlaloa.
Lajlamikilis ipan kuetlaxkoli mo chichintok.
Siuatl tlen ax mochia,
Ki machilia ikan noche iyolo.

(Andalucía, España, julio de 2013)

These poems, sometimes in previous versions, have been published in the following media:

"Serpiente de primavera" in *II Antología del Festival de Poesía Latinoamericana en NYC, Revista Contratiempo, El Coloquio de los perros, Revista Zona de Ocio* and *Sísifo;* "La casa de los pájaros" in *Periódico de poesía;* "Cabezas olmecas" in Zona de Ocio, *Golpe D'asa, Periódico de poesía;* "Plaza oriente in Cantona: el mirador" in *Thorny Locust* and *Dicen que dicen* "East Plaza in Cantona: Lookout Point" in *Thorny Locust* and *Dicen que dicen;* "Naolinco" in *Revista Zona de Ocio;* "Atardecer en Barcelona" in *I-70* and *Periódico de poesía;* "Sunset in Barcelona" in *I-70;* "Un dragón azul en el desierto" in *Pegaso;* "Tormenta" in *Corazón Pintado: Ekphrastic Poems, Pilgrimage Magazine, Antología Mensaje índigena de agua;* "Storm" in *Corazón Pintado: Ekphrastic Poems, Pilgrimage Magazine y Antología Mensaje índigena de agua;* "La casa de Aixa/ Aixa's House" on Magoism.net; "Amanecer en Tarifa" in *Luces y Sombras;* "Árbol de poesía" in *Revista Zona de Ocio;* "Jacarandas" in *Revista Zona de Ocio';* "Retrato" in *Corazón Pintado: Ekprastic Poems;* "Portrait" in *Corazón Pintado: Ekphrastic Poems* and *Poets & Artists;* "Alcanza la niebla" in *Zona de Ocio* and *REBELDES: A Proyecto Latina Anthology, Contratiempo, El Coloquio de los perros, Revista Zona de Ocio;* "Silabas de viento" in *Zona de Ocio, El Coloquio de los perros* and *Diálogo 17:2;* "La restauradora" in *REBELDES: A Proyecto Latina Anthology;* "Naturaleza" in *REBELDES: A Proyecto Latina Anthology;* "Lobres" in *Río Grande Review;* "Centauro" in *Revista Zona de Ocio, Contratiempo;* "Que la poesía" in *Luna Luna,* "Hacia el Este" in *Reflejo* and *Alcorce;* "Alpujarra de agua" in *El coloquio de los perros;* "China Poblana" in *Diálogo 17:2*

Xánath Caraza is a traveler, educator, poet and short story writer. She has an M.A. in Romance Languages and lectures in Foreign Languages and Literatures at the University of Missouri-Kansas City. Originally from Xalapa, Veracruz, Mexico, Caraza has lived in Vermont and Kansas City. *Conjuro* (Mammoth 2011) was her first collection of poetry. Chapbooks include *Noche de Colibríes: Ekphrastic Poems* (2014, Pandora Lobo Estepario Press) and *Corazón Pintado: Ekphrastic Poems* (2012, TL Press). Caraza writes for *La Bloga* (labloga.blogspot.com); the *US Latino Poets en español* column (periodicodepoesia.unam.mx); and the poetry/narrative section for *Revista Zona de Ocio* (revistazonadeocio.com). She curates the National Poetry Month, Poem-a-Day project, for Con Tinta Literary Organization is an advisory circle member of the Con Tinta. Caraza is a former board member of the Latino Writers Collective in Kansas City.

The Instituto Franklin in Spain awarded Caraza the Beca Nebrija para Creadores 2014. Her poem, "Ante el río/Before the River" was selected by the Smithsonian Latino Virtual Museum to promote Day of the Dead (2013). *Conjuro* was awarded second place in the "Best Poetry Book in Spanish" category and honorable mention in the "Best First Book in Spanish, Mariposa Award" category, 2013 International Latino Book Awards. She was named number one of the 2013 "Top Ten 'New' Latino Authors to Watch (and Read)" by LatinoStories.com. Caraza is an Award Winning Finalist in the "Fiction: Multicultural" category of the 2013 International Book Awards.

Caraza also writes fiction. Her short story collection, *Lo que trae la marea/ What the Tide Brings* (Mouthfeel Press) is an Award Winning Finalist in the "Fiction: Short Story Category of the 2014 International Book Awards." She placed in the 2014 International Latino Book Awards: second in "Best Translated Book of Fiction, Spanish to English" category and Honorable Mention in "Best Popular Fiction in Spanish" category. The online LatinoStories.com named it a Notable Latino Book 2012-2013. Caraza has been nominated for the 2013 Pushcart Prize for short fiction. She won the 2003 Ediciones Nuevo Espacio international short story contest in Spanish and was a 2008 finalist for the first international John Barry Award.

Caraza was a judge for the 2013 José Martí Publishing Awards, The National Association of Hispanic Publications (NAHP). Currently, she is working on her second short story collection, *Cebollas moradas,* among other projects.

Caraza travels widely to present readings and workshops. She has participated in the Ethnic Voices Reading Series, 2° Festival Internacional de Poesía de Occidente 2014 in El Salvador, in Segundo Festival de Música y Poesía de Puente Genil, Andalusia, Spain in 2014, Envision, Empower, Embrace: Inspiring Change for Women 2014, Mostra de Educação ciência e Arte 2014, Apucarana, Paraná, Brazil, Festival Latinoamericano de Poesía de New York City de 2013, X and XI Festival Internacional de Poesía de la ciudad de Granada, Andalusia, Spain 2013 and 2014, International Women's Day Event 2012, Park University, Floricanto Barcelona 2011 and 2012, Festival de Flor y Canto 2010, USC.

Carlos J. Aldazábal (Salta, Argentina, 1974). Como poeta obtuvo, entre otros, el Premio Alhambra de Poesía Americana (Granada, España) y el Primer Premio del II Concurso "Identidad, de las huellas a la palabra", organizado por Abuelas de Plaza de Mayo. Publicó los poemarios *La soberbia del monje* (1996), *Por qué queremos ser Quevedo* (1999), *Nadie enduela su voz como plegaria* (2003), *El caserío* (2007), *Heredarás la tierra* (2007), *El banco está cerrado* (2010), *Hain. El mundo selk´nam en poesía e historieta* (2012) y *Piedra al pecho* (2013). Su ensayo *El aire estaba quieto. Cultura popular y música folclórica* obtuvo el primer premio en el género del Fondo Nacional de las Artes. Junto a otros poetas de su generación es responsable del proyecto editorial *el suri porfiado.* Coordina el Espacio Literario Juan L. Ortiz en el Centro Cultural de la Cooperación Floreal Gorini de la Ciudad de Buenos Aires.

Carlos J. Aldazábal (Salta, Argentina, 1974) is a poet whose honors include the Alhambra Prize for Poetry from the Americas (Granada, Spain) and First Place in "Identity: From Clues to Words," the second literary competition organized by the Grandmothers of the Plaza de Mayo. His poetry collections include *La soberbia del monje* (1996), *Por qué queremos ser Quevedo* (1999), *Nadie enduela su voz como plegaria* (2003), *El caserío* (2007), *Heredarás la tierra* (2007), *El banco está cerrado* (2010), *Hain. El mundo selk´nam en poesía e historieta* (2012) and *Piedra al pecho* (2013). His article, *El aire estaba quieto.*

Cultura popular y música folclórica, received first place in the National Arts Award for Essay. Along with other poets of his generation, he directs the editorial project *el suri porfiado*. He coordinates the Juan L. Ortiz Literary Space at the Floreal Gorini Cultural Cooperation Center in the city of Buenos Aires.

Sandra Kingery is Professor of Spanish at Lycoming College (Williamsport, PA). Kingery has published translations of two books by Ana María Moix (*Julia* and *Of My Real Life I Know Nothing*) as well as a translation of René Vázquez Díaz's *Welcome to Miami, Doctor Leal* and Daniel Innerarity's *The Future and Its Enemies*. She has published translations of short stories by Julio Cortázar, Liliana Colanzi, Federico Guzmán Rubio, and Claudia Hernández, among others. Kingery was awarded a 2010 National Endowment for the Arts Translation Fellowship to complete her translation of Esther Tusquets's memoir, *We Won the War.*

Adriana Manuela is a painter and ceramist originally from Mexico. She has participated in individual shows in Mexico and Spain. Currently, she lives in Córdoba, Andalusia, Spain. Adriana Manuela is working on a new series of ceramics titled: *Yolotl.* Contact her at Paraadriana69@gmail.com www.facebook.com/adrianamanuelastudio

Tirso Bautista Cardenas (Yolteotl) teaches in Chicontepec, Veracruz, Mexico. He is a poet and a specialist in the Nahuatl language from the Northern part of the state of Veracruz.

Praise for **Xánath Caraza's** *Sílabas de viento / Syllables of Wind*

"Since first reading Xanath Caraza's work in the ground-breaking anthology, *Primera Página: Poetry from the Latino Heartland* (Scapegoat Press, 2009). I knew I was in the presence of an extremely talented writer. Her marvelous poetry transports readers to sights and locations that are at once strange and familiar. She has a kaleidoscopic command of capturing the sensual and surreal. She explores places where ancient and modern meet in a dreamy confluence. Caraza's dynamic linguistic skills are evident in this new collection, but the subterranean language of Cuahtemoc's Nahuatl also finds its face and reflection in the glow of her inspired poetic work. Caraza is a 21st century Latina literary treasure."

–Carlos Cumpián, author of *Armadillo Charm* (Tia Chucha Press) and editor of March Abrazo Press

"Let poetry become the wind/Howling among the trees/Let it shatter windows/And journey to every place on earth" writes Xánath Caraza, in the poem that closes her amazing poetry collection, *Sílabas de viento* Wind is nature's essential and powerful element that can travel in all directions at once. Wind is the poet's voice, in Nahuatl, English or Spanish as lyrical and incantatory as birdsong, as terse as the gentle flow and surge in tidal or river pools, or the rhythms of light and shadow as a breeze moves swiftly through a forest. It is Caraza's erudite voice that guides us on a journey across oceans and rivers, through forests and new or old world cities and villages, galleries and homes to find the vital element at the core of art, music and poetry: the resilient and powerful human spirit. Make the journey with Xánath Caraza, dear readers. You won't regret it!"

–Lucha Corpi, author of *Confessions of a Book Burner: Personal Essays and Stories*

"In her poem, 'The Bay of Tangier', Xánath Caraza writes '… what is exotic?/If not the usual in this place/Carpet of a thousand words…' And that exotic, those words, are the matrix of this book. Tangier, Oaxaca, Andalusia, New York,

Paris, Florence, Iowa, Kansas City, jacaranda trees, whisper of leaves, Moorish stars, night birds, gypsy sea, metaphors, prayers, Mark Twain, Machado, García Lorca, rose water, fire, all come together to give us a "forest of poetry." Silabas de viento/Syllables of Wind is a luminous and splendid guide over world and time, old world, new world, old time, present. Through the eyes of this *poeta*, with her ears, through her skin, the reader follows this narrative non-narrative for one who even when traveling far away, all places seem home, open for discovery, for thought, sadness, joy. To read her in the Spanish original or in the certain, clear translation of Sandra Kingery is a great pleasure and this collection reaffirms what readers of Caraza's earlier work have always known: we are in the presence of a poet for whom poetry is an essential lens for making sense not only of her life, but through whose we can know our own."

–Mark Statman, poet and translator, *Poet in New York: A Bilingual Edition* by Federico García Lorca (Grove Press)

"From Olmeca land to Bilbao, Andalusia, Morocco, Bosnia, and back to the Midwest, Xánath Caraza's words flow like chants calling us back to the mystery and majesty of our ancient ones who surround us in the physical world. Her written imagery calls forth a poetic spirit in me that I did not hear before. I am grateful."

–Lara Medina, author of *Las Hermanas: Chicana/Latina Religious-Political Activism in the U. S. Catholic Church* (Temple University Press)

CPSIA information can be obtained at www.ICGtesting.com
Printed in the USA
LVOW07s1740220715

447214LV00004B/703/P

9 781939 301789